yukismart.com/b/6ed446

cat

kissa

dog

koira

fish

kala

bird

lintu

hen

kana

rooster

kukko

chick

tipu

egg

kananmuna

cow

lehmä

sheep

lammas

pig

sika

goat

vuohi

horse

hevonen

donkey

aasi

mouse

hiiri

rabbit

kani

turkey

kalkkuna

goose

hanhi

peacock

riikinkukko

duck

ankka

duckling

ankanpoika

swan

joutsen

dragonfly

sudenkorento

fly

kärpänen

ant

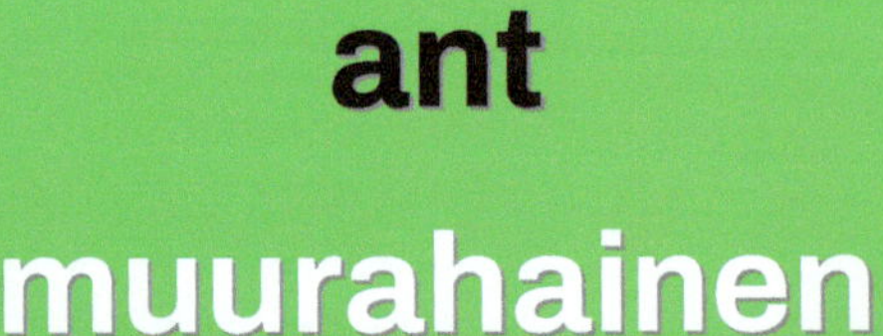
muurahainen

anteater

muurahaiskarhu

ladybug

leppäkerttu

earthworm

kastemato

slug

etana

caterpillar

toukka

snail

etana

butterfly

perhonen

grasshopper

heinäsirkka

bee

mehiläinen

honey

hunaja

spider

hämähäkki

grass

ruoho

beetle

kovakuoriainen

mosquito

hyttynen

scorpion

skorpioni

lizard

lisko

turtle

kilpikonna

crab

rapu

shrimp

katkarapu

lobster

hummeri

whale

valas

shark

hai

stingray

rausku

dolphin

delfiini

sea urchin

merisiili

jellyfish

meduusa

squid

kalmari

starfish

meritähti

seagull

lokki

sea

meri

pelican

pelikaani

cormorant

merimetso

shells

kuoret

sand

hiekka

elephant

norsu

zebra

seepra

giraffe

kirahvi

snake

käärme

crocodile

krokotiili

lion

leijona

tiger

tiikeri

hippopotamus

virtahepo

rhinoceros

sarvikuono

cheetah

gepardi

camel

kameli

antelope

antilooppi

flamingo

flamingo

ostrich

strutsi

stork

haikara

parrot

papukaija

gorilla

gorilla

monkey

apina

koala

koala

panda

panda

kangaroo

kenguru

hedgehog

siili

squirrel

orava

wolf

susi

fox

kettu

racoon

pesukarhu

bear

karhu

deer

peura

eagle

kotka

bat

lepakko

boar

villisika

crow

korppi

owl

pöllö

woodpecker

tikka

polecat

hilleri

mole

myyrä

beaver

majava

polar bear

jääkarhu

snow

lumi

penguin

pingviini

snowy owl

tunturipöllö

forest

metsä

mountain

vuori

narwhal

narvala

orca

orca

walrus

mursu

seal

hylje

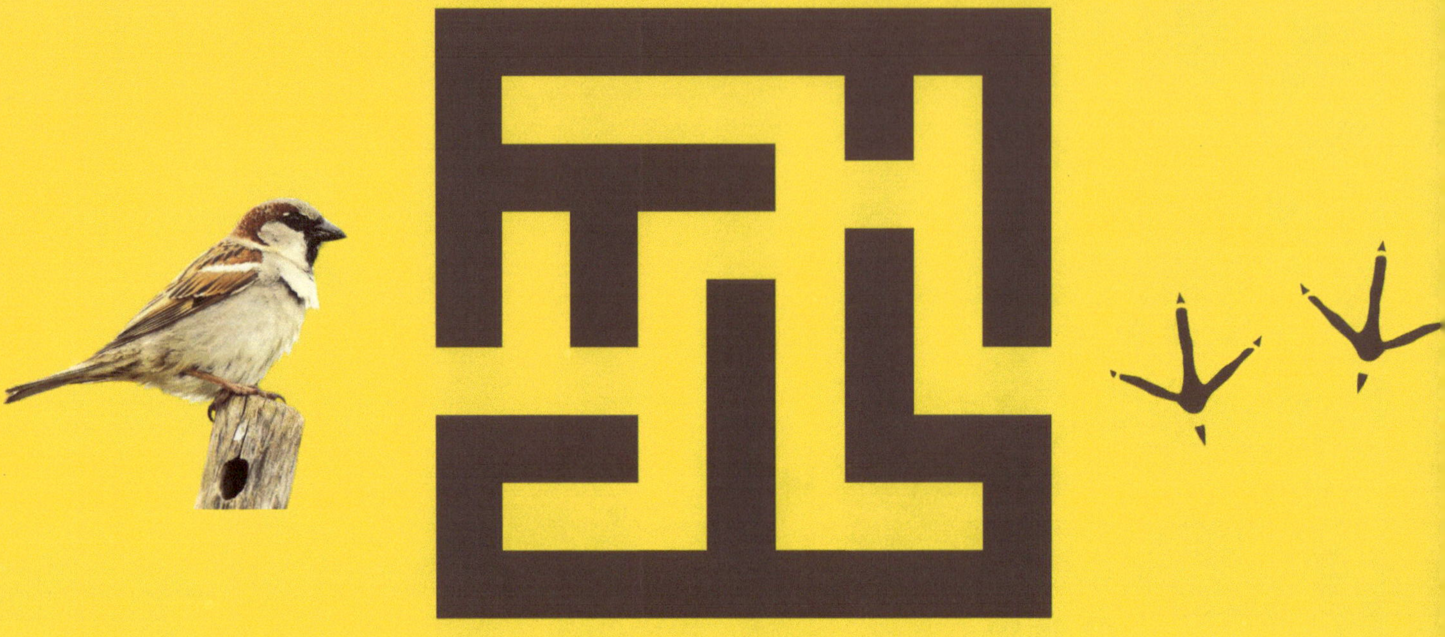